AF264073

MORT DE TALABOT.

MORT DE TALABOT,

Apôtre.

16 Juillet 1852.

Le lundi 16 juillet, Edmond TALABOT se sentit malade.

Depuis long-temps il était souffrant : sa santé était visiblement altérée, ce qui l'empêchait, malgré la vigueur que révélaient sa stature et son attitude, de prendre une part active aux travaux matériels de la famille. Il consacrait tout son temps à faire exécuter le costume que nous portons tous, et qui est presque tout entier de sa création.

Il était évident qu'en lui s'opérait une grande transformation. Homme d'élan, de fougue, il répétait que toute sa vie serait dans un instant aux côtés du PÈRE, et il disait que son grand instant était proche. Il pratiquait sur lui-même de grands efforts pour s'imposer des habitudes d'ordre, de règle et de constance, qui naturellement étaient peu développées en lui.

Il souffrait de ces efforts, et cette souffrance s'était manifestée par quelques discussions vives qui avaient eu lieu entre lui et les directeurs du service, BARRAULT et MICHEL CHEVALIER. Trois semaines avant sa mort s'était passée la dernière de ces discussions. Elle avait éclaté entre lui et MICHEL CHEVALIER qui avait été son camarade de collége, et avec lequel il avait toujours été uni d'une étroite amitié.

Elle avait amené entre eux une harmonie plus parfaite que celle qui les avait jamais rattachés l'un à l'autre.

Le 16 juillet à 9 heures du soir, toute la famille était réunie près du PÈRE, dans la galerie. Le PÈRE entretenait la famille de la résolution qu'avaient prise, d'après ses conseils paternels, BOUFFARD et LEMONNIER, de remplir une mission dans le monde, extérieurement au corps apostolique proprement dit, dans l'intérêt de l'apostolat; lorsque *Tourneux*, fils de prédilection de TALABOT, qui, avec *Pellarin*, était demeuré pendant le jour auprès de lui, entra précipitamment appelant le PÈRE, et disant que TALABOT était atteint du choléra.

Et en effet, TALABOT, qui pendant toute la journée avait éprouvé de fortes coliques, était subitement saisi de crampes affreuses. Il présentait les symptômes les plus caractérisés du mal qui venait de reparaître dans Paris. Le PÈRE revint aussitôt; il envoya près de lui SIMON et RIGAUD qui, l'un et l'autre, ont pratiqué la médecine, et il dépêcha *Bruët* chez son médecin Jallat. Quelques momens après, *Tourneux* partit, et se rendit chez M. Léon Talabot, frère aîné d'Edmond, qui lui-même avait été l'un des compagnons d'études du PÈRE, à l'École polytechnique, et qui, depuis lors, lui avait voué une constante amitié.

Les plus grands soins furent prodigués à TALABOT: plusieurs médecins étaient auprès de lui: SIMON qui se partageait entre lui et Adèle, femme de *Desloges*, qui, la même nuit, accoucha d'une fille; RIGAUD; *Pellarin*, qui était chirurgien de la marine, à Brest, et dont TALABOT avait achevé la conversion commencée par Rousseau de Keremma; Jaflat qui arriva à dix heures, et plus tard M. le docteur Cruveillier, professeur à la Faculté de médecine de Paris, lié dès l'enfance à la famille Talabot. Un grand nombre de membres de la Famille s'étaient partagé les diverses fonctions à remplir auprès du malade. Parmi eux étaient *Duguet* et *Machereau*, que TALABOT avait fait demander; D'EICHTAL, l'un des ses frères d'affection, OLLIVIER, HOLSTEIN, *Ribes*, *Massol*, *Désessarts*, *Bertrand*, et Chabanier qui ce soir était venu de Paris pour entretenir le PÈRE de quelques affaires. MICHEL veillait à ce que le plus grand ordre régnât dans les diverses parties du traitement. Pendant trois heures les douleurs furent atroces: cependant un peu avant minuit, après des frictions, la chaleur revint à la peau, les douleurs diminuèrent; la famille eut quelque espoir. Quelques-uns de ceux qui étaient restés allèrent prendre un instant de repos. M. Léon Talabot et M. Cruveillier arrivèrent à minuit.

Pendant tout le temps, TALABOT avait été calme et silencieux; seulement la douleur lui arrachait d'un instant à l'autre quelques brèves exclamations.

Mais le soulagement qu'on avait remarqué n'était qu'une fausse apparence. La crise avait eu lieu; et elle était sans retour. Vers deux heures du matin, SIMON fit prévenir le PÈRE et les directeurs du service que c'en était fait, et que l'instant de la mort approchait.

Lorsque le PÈRE arriva, il jugea que la musique adoucirait les souffrances de TALABOT: aussitôt *David*, *Justus*, DUVEYRIER et *Rogé* se levèrent et vinrent se placer dans le salon qui est voisin de la chambre qu'il occupait. *David* exécuta sur le piano les airs que chante la famille, et improvisa des accords, les uns tristes et plaintifs, les autres doux et pleins d'espoir. Avec *Justus*, DUVEYRIER, *Machereau* et *Rogé*, *David* chanta la *Prière du matin*; *Justus*, *Machereau*, *David*, dirent un nocturne composé par *David*.

Ensuite *Justus* répéta un air des montagnes du Limousin, qui est le pays natal de TALABOT, air que TALABOT aimait beaucoup.

Pendant ce temps, TALABOT avait paru s'endormir; et il était mort entre les bras de *Duguet*.

Il était trois heures et demie. Le jour naissait.

Quelques instans auparavant, son frère Léon s'étant approché de lui, TALABOT lui dit d'une voix éteinte :

» Quand on vit avec des cœurs comme ceux-là, on sait ce » que c'est que la vie : tu es digne d'eux ; je te recommande » à leur amour. »

Puis montrant le PÈRE :

» Écoute, frère, cette voix qui n'a pas encore son écho dans » le monde! »

Aussitôt que les médecins eurent reconnu la mort, MICHEL, par ordre du PÈRE, fit lever toute la Famille et la conduisit sur la terrasse, où elle chanta la *Prière du matin*.

Le PÈRE, accompagné de HOLSTEIN, avait amené M. Léon Talabot dans le jardin, sur l'emplacement du temple; ce dernier fondait en larmes.

Sur le visage du PÈRE était un calme sévère qui se répétait sur les visages de la Famille.

Quand la famille eut dit la prière du matin, le PÈRE lui cria d'une voix forte et émue : « Enfans, j'ai besoin de votre *salut*. »

La famille chanta le *salut*. Elle descendit ensuite au temple, et travailla jusqu'à neuf heures.

Cependant RIGAUD et *Pellarin* lavèrent le corps et le revêtirent du costume apostolique. Ensuite un lit de parade fut dressé dans le salon par les soins de RIGAUD, assisté de quelques membres de la famille et de quelques hommes de Paris, et notamment de Gallois et de Gallé. Le salon et la galerie furent par eux garnis de tentures et de fleurs. TALABOT fut placé sur le lit de parade, et à deux heures une grande partie de la population de Belleville, avertie du douloureux événement, vint avec recueillement défiler devant le corps. Les femmes surtout témoignaient un profond attendrissement. Plusieurs d'entre elles s'agenouillaient devant le lit de parade, comme si elles eussent été dans un temple chrétien.

De sept heures à huit heures la foule ne cessa pas d'emplir avec ordre la galerie, entrant par un des perrons de la maison, et sortant par l'autre : les membres de la famille étaient distribués deux par deux dans la galerie et sur les marches du perron. SIMON et RIGAUD, LAMBERT et *Duguet*, se tenaient tour à tour à droite et à gauche du lit.

Dans la grande pièce voisine du salon, qui en était séparée par une simple gaze, se tenait *David*, avec un forté-piano. Il faisait entendre des accords lents, tristes, solennels. Avec lui étaient *Rogé*, DUVEYRIER, *Justus*. HOSLTEIN, *Terson*, disaient par intervalle, quelques-uns des chants de la Famille, mêlés de quelques autres, qu'avait inspirés la cérémonie.

Le PÈRE vint le soir à sept heures et demie dans la galerie, accompagné de HOLSTEIN, *Duguet*, *Auguste*, et *Broët*; il y resta jusqu'à huit heures, se promenant à pas interrompus.

Ce jour-là, comme tous les autres jours depuis le 1er juillet,

l'autorité faisait garder notre porte par un détachement de
soldats, afin d'empêcher les réceptions que le PÈRE avait or-
données ; mais, par un mouvement spontané, le commissaire
de police et les soldats laissèrent tomber leur consigne, et, le soir,
quand fut sonnée l'heure de la retraite, les soldats demandèrent
à défiler devant le corps ; ce qui leur fut accordé.

Pendant la nuit, HOART, OLLIVIER, BRUNEAU, *Machereau*,
Pennekère, *Rogé*, veillèrent deux à deux près du corps.

Le lendemain, à 6 heures du matin, après que les mouleurs
de M. Bra, sculpteur, eurent pris l'empreinte du visage, les
ouvriers de M. Léon Talabot scellèrent le corps dans un cercueil de plomb.

Le cercueil fut ensuite placé à la porte extérieure de la galerie, recouvert d'une large mousseline blanche, sur laquelle
on avait étendu le pavillon portant ces mots en lettres rouges
écrits sur la bande blanche : TALABOT, APÔTRE. Sur le pavillon
était étendu le gilet apostolique. La ceinture, la toque et
l'habit étaient auprès sur des coussins.

Deux membres de la famille se tenaient à droite et à gauche
du cercueil. Une foule nombreuse remplissait le jardin.

A quatre heures, la famille réunie dans la grande cour vint
vers le cercueil en ordre de chant, le PÈRE en tête. (1) Le cercueil fut transporté sur le temple et déposé sur une estrade
préparée en avant.

---

(1) Voici les rangs de la famille par ordre de chant :
En tête, *David, Rogé.*
Dessus. Justus, Auguste, Brëet, *Tourneux.*
1er *Tenor.* Terson, *Machereau, Désessurts.*
2me *Tenor.* LAMBERT, HOLSTEIN, *Ribes.*
Basse. DUVEYRIER, OLLIVIER, ROUSSEAU, *Duguet, Toché. Petit,
Pouyat, Raymond, Massol.*

Au temple, la famille occupait la gauche en regardant la maison. Les hommes de Paris étaient à droite conduits par FOURNEL. Les femmes étaient au centre. *Desloges* et *Pennekère* gardaient le temple à l'arrivée de la famille. Ainsi s'étendait un long demi-cercle en face de la foule qui était arrivée à l'heure du convoi, sur l'avis donné par les journaux, soit afin de se joindre au cortége, soit par le motif de curiosité qui pousse instinctivement les hommes vers les choses nouvelles et qui devient ainsi l'instrument de leur progrès.

Sur le temple le chœur a dit le chant de mort.

Chant de mort.

Il est mort ! il est mort !
La nuit voile son front.
Il est mort ! il est mort !
Cherchons la lumière nouvelle.

—

La vie de l'apôtre est rude et sévère,
Comme le vieux monde où Dieu l'a jeté.

—

Grand Dieu ! comme lui
N'aimons que le peuple !
N'aimons que le peuple
Il n'est pas aimé !

—

Il est mort ! il est mort !
Etc. etc.

Il avait tout donné,
Tout quitté, tout donné,
Tout pour toi!
Peuple! peuple!

—

Il est mort! il est mort!

———

MICHEL fit l'appel des membres de la famille et les disposa dans l'ordre suivant :

En tête, pour porter le cercueil jusqu'au char placé à la porte et pour l'escorter ensuite ,

RIGAUD, *Duguet*, SIMON, *Machereau* ;

et quatre hommes de Paris,

Bergier, Casimir, Martin, Pouget.

Derrière le cercueil se tenaient LAMBERT, portant la ceinture ; d'EICHTAL, portant la toque.

Ensuite venaient, deux à deux :

OLLIVIER et HOLSTEIN portant une bêche ;
ROUSSEAU et *Ribes* portant une pioche.

A trois pas de distance étaient les néophytes rangés trois par trois ;

Massol, Franconie, Pellarin, en habit bruns ;
Urbain, Cayol, Bertrand, en habits bleus.

A trois pas de distance étaient, deux par deux, formant deux files bien distinctes :

David,	Justus,
Mercier,	Toché,
Rochette,	Petit,
Broët,	Retouret,
Désessarts,	Pouyat.
	Terson.

Le cortège du PÈRE suivait. Il se composait de *Raymond* qui marchait seul ; et de Michel et Bruneau, Barrault et Duveyrier, rangés, les deux premiers, un peu en avant, les deux autres un peu en arrière du PÈRE. *Auguste* suivait les pas du PÈRE.

Ensuite s'avançaient les femmes, parmi lesquelles on distinguait, Aglaé St-Hilaire, Cécile Fournel, Marie Talon, Caroline ; elles étaient escortées par deux rangs d'hommes de Paris. Les hommes de Paris fermaient la marche. Ils étaient conduits par Fournel et Hoart, anciens élèves de l'Ecole Polytechnique ; *Desloges* et *Pennekère*, prolétaires avant l'apostolat.

Le cortége, précédé par monsieur le commissaire de police de Belleville, par trois officiers de paix et vingt sergens de ville envoyés extraordinairement de la Préfecture de Police, s'avança silencieux, au milieu d'une foule immense, en suivant la chaussée de Ménilmontant et le boulevard extérieur, jusqu'au cimetière du Père-Lachaise. Le cercueil fut transporté à bras, du point où le char s'arrêta jusqu'à la fosse, par les mêmes hommes qui l'avaient apporté du temple sur le char. Dès que nous arrivâmes à la fosse, la famille se forma en deux groupes ; le chœur se plaça à droite du PÈRE, dans l'ordre de chant ; les.

non-chanteurs se réunirent à gauche. Dès que le cercueil eût été descendu, le Père dit à BARRAULT qu'il dît à tous ce qu'était TALABOT; alors BARRAULT, s'avançant sur le bord de la fosse, et se tournant vers le chœur, dit : « Frères, saluons d'abord le PÈRE et le PEUPLE. » Le chœur chanta le *salut* :

Ensuite BARRAULT, se tournant vers l'assemblée, dit :

« Oui, voici devant vous les APOTRES, *l'un* couché (*et il montre le cercueil*), les *autres* debout, TOUS vivans dans le sein immense de DIEU !

Et maintenant sachez comment EDMOND TALABOT, apôtre de l'affranchissement du peuple et des femmes, était venu prendre place parmi nous; comment il a sitôt quitté le rang qu'il y occupait pour continuer sa mission sous une nouvelle forme; sachez-le, et gardez religieusement la mémoire de son NOM, de ses *œuvres*, de sa VIE.

» TALABOT naquit, il y a vingt-huit ans, dans cette ville de France qui envoie à Paris une foule d'ouvriers laborieux, et qui a donné à notre foi quelques-uns de ses fermes appuis; il naquit à Limoges.

» Issu d'une famille de magistrats, il se laissa destiner au barreau », fut reçu avocat, et coopéra même au plus volumineux de nos recueils de lois, lui que son caractère ardent, impétueux, brillant, ne rendait propre ni aux travaux de la science ni aux subtilités de la chicane. Aussi n'échappa-t-il aux dégoûts d'une vocation subie avec douleur que par les plaisirs où l'entraîna la fougue inoccupée de son âge. Et cependant, rêvant quelquefois de grandes choses à faire, jugé par le monde comme digne d'affection et comme n'étant bon à rien, s'érigeant lui-même en juge de ce monde vers lequel il allait avec confiance et dans lequel il ne se trouvait point de place, il souffrait cruellement d'une activité privée d'aliment, et d'une ambition trompée dans ses nobles espérances.

» Telle était sa situation, lorsqu'il vit, un jour, chez l'un de ses frères, un HOMME dont il était encore loin de deviner toute la grandeur, mais dont la présence et le langage opérèrent en lui un changement subit. A l'écouter, il sentit que cette activité inquiète qu'il jetait sans cesse et ne pouvait épuiser avait enfin un but, et sans balancer il le suivit. Cet HOMME, c'est le PÈRE, qui alors le prit avec bonté par la main, lui servit lui-même de guide, le conduisit au foyer de la famille nouvelle; et qui aujourd'hui, un court intervalle sépare ces deux jours! aujourd'hui le conduit à cette tombe, glorieux et escorté des frères nombreux qu'il lui a donnés!

» TALABOT, sur les pas du PÈRE, avait déjà signalé par d'heureux succès son brûlant prosélytisme, lorsqu'éclata la révolution de juillet. Nous saluâmes cette ère nouvelle qui semblait nous garantir une pleine liberté de propagation; mais, apôtres de paix, nous restâmes étrangers à un mouvement de violence; TALABOT, qui n'avait pu encore dompter son caractère bouillant, se laissa entraîner jusqu'à Rambouillet. Mais quel fut son tourment, dans ce vaste partage d'emplois qui suivit la victoire, de se voir réduit, par condescendance pour sa famille qui voulait lui assurer un avenir selon les vues du monde, à accepter la place de substitut du procureur du roi à Dreux! Il plaignait si amèrement le sort du peuple, et il lui fallait requérir l'application de la pénalité contre les délits où la misère et l'absence d'éducation précipitent les fils du peuple! et, le cœur torturé du spectacle de leur dégradation physique et morale, il lui fallait réclamer leur châtiment d'une voix sévère dont il ne pouvait toujours maîtriser l'émotion! Le voilà donc condamné à être l'un des organes de cette loi qui punit et ne sait pas récompenser; qui, dans sa fatale imprévoyance, inhabile à prévenir et propre seulement à réprimer, toujours menace, toujours s'arme, toujours flétrit, marque, tue; et jamais ne promet, n'attire, n'honore, n'illustre, n'anime; loi d'infâmie et de mort, et non de gloire et de vie! plus il s'efforçait de remplir avec exactitude la tâche qu'il avait prise, plus il lui devenait difficile de supporter sa position ; et, malgré sa vive tendresse pour une famille dont il était chéri, malgré la certitude d'un prompt avancement dans sa carrière, il donna sa démission. Dès lors il semblait prévoir que les méprises du monde amèneraient un jour les apôtres devant les tribunaux, et il lui plaisait de descendre du siége de magistrat pour mériter de monter au banc des accusés. Libre enfin, avec quelle joie il revint près du Père, que son exil lui avait rendu plus cher! Ah! maintenant c'est une foi d'amour, de progrès, de régénération qu'il proclame avec enthousiasme; maintenant, ce n'est plus à démêler le crime pour le punir qu'il doit appliquer sa pénétration, mais à deviner le mal pour y porter remède! Mais ce qu'il cherche surtout, ce sont des hommes capables de s'associer à son œuvre, marqués au front du signe de l'apostolat; et c'est radieux d'espérance et de joie qu'il les ramène vers celui qui l'a envoyé, disant: » PERE, encore un fils pour vous! encore un père pour l'humanité souffrante!

» Oui, cette pensée de la classe la plus nombreuse et la plus pauvre l'occupait toujours. Et, dans sa dernière nuit, entouré de nos soins affectueux, voyant passer et repasser devant lui la grande figure du PERE qui dominait cette scène de tristesse et y faisait briller l'espérance, charmé par nos chants religieux qui résonnaient doucement à son oreille, au milieu des douleurs aiguës dont il était assailli, il disait: « Le pauvre peuple, quand il souffre, est moins heureux que moi!...

» Frères, redites cet air de ses campagnes que vous avez appris de lui-même, dont sa famille du sang le berça dans son enfance, et dont sa nouvelle famille le berça sur son lit de mort.

Le chœur chanta l'air limousin dont le sens est :

> Baisse-toi montagne ;
> Élève-toi vallon,
> Pour me laisser voir
> Ma Jeanneton.

» Vous qui avez connu TALABOT, ou qui l'avez vu seulement une fois, vous ne sauriez jamais oublier son image, si fièrement étaient caractérisées sa figure et son attitude.

»Tous vous le voyez encore debout devant vous, avec sa taille élancée, sa poitrine bombée, qu'on eût dit faite pour porter la cuirasse et pour s'avancer hardiment, franchement, loyalement au-devant de ses adversaires et de ses amis ; avec sa barbe et sa chevelure épaisses, touffues, et brunes comme la terre ; avec ses yeux noirs et ardens, et son teint que le soleil semblait avoir basané de ses feux orientaux : oui, dans son existence antérieure, il avait dû porter le casque, chausser l'éperon d'or, manier l'épée et la hache d'armes, jeter d'audacieux défis, vaincre et s'enivrer de sa gloire au bruit des fanfares éclatantes, saluant sa bannière, et pardonnant généreusement à ses rivaux abattus. Il était de cette noble race d'hommes qu'un vif enthousiasme précipite dans le mouvement, entraîne à l'action, et qui vivent la vie dans de courts instans d'exaltation glorieuse !

» Aussi fallait-il le voir, lorsque notre foi naissante était accueillie par le mépris et le sarcasme, comme son audace se trouvait à l'aise au milieu des outrages dont nous étions poursuivis ; comme éclatait sur sa face la glorieuse insolence de l'apostolat nouveau ! Avec quelle avidité son œil plongeait dans la foule, interrogeait tous ces visages d'hommes, y découvrait l'espérance s'éteignant ou prête de renaître, une

grande ame flétrie cherchant à se ranimer ; et alors il s'élan-
çait dans cette mêlée d'assistans, saisissant leurs mains de ses
mains, les attirant tour à tour à lui, épanchant en une heure
auprès de chacun tout ce que sa religion avait mis en lui d'a-
mour, de foi, de vie, le communiquant à celui qu'il voulait
convertir avec un chaleureux entraînement et un complet
abandon, se pliant à tous ses mouvemens et surprenant d'un
coup d'œil ses secrètes pensées, l'enlaçant, le pressant ou le
laissant respirer, toujours à propos, déployant un merveilleux
mélange d'ardeur et de souplesse, d'énergie et de sagacité, de
franchise et de réserve, d'éloquence sérieuse et de saillies fa-
milières, comme si sa divine inspiration l'avait en ce moment
doué soudainement de tous ces dons, heureux enfin de se
donner tout entier pour gagner un homme à la croyance de
l'avenir ! Et, chose singulière ! ce fut sur d'anciens élèves de
l'Ecole Polytechnique, nourris de sciences positives et rom-
pus à toutes les habitudes de la discussion, que TALABOT eut
la prise la plus forte, lui que la science et la méditation n'a-
vaient pas initié à toutes leurs ressources. Mais telle était la
vigueur, telle était l'audace avec laquelle il multipliait ses
attaques, telle était surtout l'inexprimable puissance de sa foi,
qui semblait toujours prête à déborder de tout son être par la
flamme de ses yeux, l'étreinte de ses mains, la vivacité de sa
parole, qu'il désarçonnait cette science orgueilleuse, la ter-
rassait pour la relever plus grande, la frappait dans sa séche-
resse inanimée pour l'inonder de sève et de vie, et l'obligeait
irrésistiblement à se confesser vaincue par la religion dont il
était le champion. C'est à ce titre que TALABOT fut grand,
sans égal parmi nous, et véritablement apôtre.

« Né pour une vie d'action et d'éclat, il s'attacha avec un
soin curieux au perfectionnement des premiers essais de notre
culte. Nul ne fut plus que lui pressé de nous dépouiller de nos
habits du vieux monde, que nous portions encore en entrant

dans notre retraite, et qui ne pourraient plus être à nos yeux. aux siens surtout, que de véritables guenilles, lorsque nous brûlions d'arborer sur nous-mêmes le signe de notre mission apostolique. Cet habit que, pour la première fois aujourd'hui, nous montrons hors de notre maison, cet habit, symbole de notre loyauté envers le monde, de notre union entre nous, et de notre besoin d'agir, est sa création ; il est aussi le symbole de son caractère.

» Mais là où semblait revivre en lui, avec plus de vérité encore, la brillante tradition de la chevalerie, c'était dans son dévouement à notre chef, dans son amour pour le PÈRE. Ah! si jamais un danger eût menacé le PÈRE, TALABOT comptait sa mission remplie et sa vie pleinement couronnée; si, prompt à s'élancer entre le danger et le PÈRE, il était tombé à ses pieds en le sauvant.

» Vif, ardent, impétueux, TALABOT aima les femmes et en fut aimé (quelques assistans rient), pauvres femmes ! Je parle d'un homme qui vous rendait un culte et l'on rit ! Ah! sans doute, les temps sont passés où l'homme vous entourait d'un hommage chevaleresque, et les temps ne sont pas encore arrivés où il pourra, sans vous dégrader et sans se dégrader lui-même, témoigner de votre puissance. Et nous qui voulons ressusciter pour vous, mais avec plus d'éclat et de loyauté, ces jours d'adoration et de gloire que vous avez perdus, pauvres femmes! lorsque nous parlons de vos poursuivans d'amour, nous provoquons le rire, le rire qui, dans ces jours de pieuse courtoisie, eût semblé, à votre égard, un signe de félonie!... Pauvres hommes qui riez! il est trop vrai! vous ne savez plus aujourd'hui manifester votre amour pour les femmes que par l'adultère et la prostitution. Écoutez donc; car je puis vous le dire hautement. TALABOT, avant que son cœur fût pénétré de la foi nouvelle, a, comme vous, pratiqué l'adultère et la prostitution. TALABOT vous appar-

tient bien à vous par les stigmates de douleur que lui im-
prima le monde sale et corrompu qu'il traversa avant d'arri-
ver jusqu'à nous : mais à nous, il nous appartient par le
célibat qu'il avait embrassé avec ferveur, afin de donner, avec
tous les apôtres, un gage de son respect pour la dignité des
femmes, et de hâter ainsi le jour où leur affranchissement
ôtera à l'amour des hommes pour elles son caractère odieux
d'exploitation, et lui communiquera une loyauté et une gloire
inouïe !

Le chœur dit le *Chant de mort.*

» Il est mort ! quels enseignemens par sa mort DIEU
voulut-il nous donner ? C'est qu'aujourd'hui nous n'avons
plus à étreindre le monde de nos mains, à le gourmander de
nos paroles, et à le forcer d'entrer dans notre voie : ces
temps sont passés. Nous lui avons imposé le respect de notre
foi. C'est assez. Nous ne prétendons plus lui jeter avec violence
notre croyance, et l'entraîner précipitamment vers notre
but ; il y marche : nous l'attendrons sans impatience, mais
sans inertie, résolus à tout faire pour rapprocher l'intervalle
qui nous sépare. C'est pourquoi cette importunité fougueuse
qui était le signe de TALABOT cesse d'être avec lui parmi
nous ! Non, certes, que du milieu de nous doive disparaître cette
ardeur dont il fut le brillant modèle, mais cette ardeur doit
se tempérer et se transformer en un courage tranquille, en
une fermeté inébranlable et opiniâtre, en une volonté im-
muable de progrès qui aplanisse tous les obstacles.

» Et lui-même avait vaguement pressenti l'époque pro-
chaine d'une transformation pour lui, pendant sa mission
sur les côtes de l'ouest. A la vue de l'Océan immense se dé-
roulant devant lui et venant briser sur le rivage ses flots
grondant comme le tonnerre, il avait compris que, pour
dompter la mer humaine et commander à ses orages, il faut

autre chose qu'une impétueuse ardeur : il faut un courage calme; et une partie de la pensée qui est sur les eaux était entrée en lui. Dès lors il y eut quelque chose d'inouï pour lui-même dans sa vie. Une lutte commençait, laborieuse et sincère; l'homme nouveau se faisait. Mais enfin le progrès l'emporta, haletant d'une course si rapide, qu'en touchant le but, il tomba; et il ne lui fut pas donné de cueillir la palme sous sa forme actuelle, usée à ce terrible et sublime effort.

» Ah! c'était là cet instant qu'il rêvait sans cesse, dans lequel il lui semblait que sa vie tout entière devait s'illuminer. Oui, cet instant lui fut accordé, non pas tel qu'il se l'était figuré, mais aussi glorieux! nuit grande et solennelle, durant laquelle, aux prises avec la douleur, il montra une patience soudaine comme le mal, se mesura avec lui sans démentir sa fermeté, laissa voir un calme et une douceur inaccoutumées, sembla avoir conquis dans un moment tout ce qui lui avait manqué, et, du sein de son agonie, rendit hautement témoignage de sa foi dans la vie, en recommandant son frère à l'amour du PÈRE et de toute la Famille dont il était entouré !

Et il avait aussi annoncé que ce serait lui qui nous conduirait vers le peuple! sa prophétie s'est réalisée. Voici devant le peuple les apôtres de l'affranchissement du peuple et des femmes, l'un couché, les autres debout, tous vivans dans le sein immense de DIEU, et pleins de courage et de calme!

Chant de Vie.

Cherchons la lumière nouvelle,
Les ombres de la mort s'évanouissent.
Dieu! Dieu! tu nous rends le jour :

Pour nous c'est l'espérance;
Pour lui c'est le travail.

PÈRE!

Votre enfant vous aime.

FRÈRES!

Il nous tend la main.
Salut! salut! à l'homme nouveau:
Dieu l'apppelle au travail!
Dieu lui rend la vie.

Ensuite OLLIVIER, ROUSSEAU, HOLSTEIN et *Ribes* s'apprêtent à recouvrir le cercueil.

BARBAULT, prenant des mains D'OLLIVIER une bêche, et la montrant à l'assemblée, dit :

« Voici l'instrument qui va servir, entre les mains de ses frères, à recouvrir son cercueil! et lui aussi avait manié tous les instrumens du prolétaire, lorsque le PÈRE voulut nous initier aux travaux et aux fatigues du peuple; sa main savait frapper, et son œil diriger le coup avec autant de sûreté que sa main et son œil avaient su attirer et choisir, alors qu'il conquérait chaque jour de nouveaux prosélytes à la foi de l'avenir.

Alors OLLIVIER et HOLSTEIN, *Ribes* et ROUSSEAU prenant les outils qu'ils avaient confiés à *Bertrand*, ont fait l'œuvre des fossoyeurs. Ils ont recouvert le cercueil et comblé la fosse.

Et cet acte a été un autre symbole de la réhabilitation de tous les travaux.

Ici a été terminée la cérémonie mortuaire, et la famille est revenue à Ménilmontant.

Avant de se mettre en marche elle a dit le chant du soir :

Prière du soir.

La nuit tombe
Et rappelle
Vers leurs lits
Solitaires
Tes fils fatigués.
Père!
Tu promets à tous,
Après le travail,
Repos.

Demain, quand renaîtra le jour,
Frères, debout et travaillons.
Il faut mériter
Que bientôt paraisse
L'épouse nouvelle!
Dieu veut qu'avec nous
La femme sauve le monde.

Adieu! peuple!
Père, salut!

Pendant tout le temps que la famille était sur la fosse, le PÈRE, placé entre les deux groupes de droite et de gauche, attirait les regards de la multitude d'hommes et de femmes qui remplissaient le cimetière. Sa haute stature, sa majestueuse attitude, répandaient au loin un étonnement mêlé déjà de respect. Tourné tantôt vers la fosse, tantôt vers la foule, qui derrière nous s'étendait au loin, il est resté tout le temps silencieux.

Après les derniers chants, la Famille s'est mise en marche. RIGAUD était en tête ; derrière lui *Desloges* et *Pennekère* portaient les outils ; ensuite venaient deux par deux *Mercier* et *Rochette, Pellarin* et *Bertrand.*

Ils précédaient le PÈRE, entouré de son cortége qui était ainsi composé :

Raymond,

SIMON,   MICHEL,   BRUNEAU,

LE PÈRE,

D'EICHTHAL,   BARRAULT,

Auguste,   *Retouret.*

Les femmes venaient ensuite ; le chœur suivait. Les hommes de Paris, conduits par FOURNEL et HOART, terminaient le cortége.

Et nous sommes rentrés à la maison du PÈRE à Ménil-montant, en chantant l'*Appel.* Une foule d'hommes et de femmes nous accompagnaient. Le temps était chaud, nous étions couverts de poussière.

La tenue de la Famille était imposante.

Pendant notre retour, la foule a commencé pour la première fois à répéter nos chants, elle reprenait avec nous le refreint : *Gloire à Dieu !*

Pendant toute la cérémonie, tous les yeux cherchaient le PÈRE. Comme ce jour-là il n'avait point écrit sur sa poitrine ces mots : LE PÈRE, et qu'il portait le même habit que toute la Famille, sans aucune différence, plusieurs avaient de la peine à le distinguer. Toutefois tous ceux qui avaient pu arrêter un instant leurs yeux sur son visage se le montraient les uns aux autres, en disant : C'est LUI, c'est le PÈRE. Ils s'entretenaient de sa mâle stature, de son visage beau et calme, de son front haut et large, de son regard plein de bonté, de pénétration et de puissance, de son teint brûlé par le soleil, de sa barbe touffue, de ses longs cheveux noirs.

Aucun membre de la famille Talabot n'assistait au convoi ; un petit nombre des amis de cette Famille s'étaient mêlés à nous ; parmi eux étaient deux frères de Larenelle et M. Audevar, ancien receveur-général du département de la Haute-Vienne.

Les commissaires de police de Belleville, les officiers de paix et les sergens de ville revinrent avec nous à Ménilmontant. Quoique leur ministère eût été inutile pendant tout le temps, car le plus grand ordre avait régné dans la cérémonie, leur bonne volonté et leur désir du bon ordre avaient été évidens. MICHEL les en remercia au nom du PÈRE et de toute la Famille. « Vous vous êtes vraiment montrés officiers de » paix, leur dit-il, je vous en félicite et j'en félicite ceux qui » vous ont envoyés. »

Le soir, quand nous rentrâmes, une foule considérable nous suivit dans le jardin. Nous communiâmes avec les hommes de Paris qui nous avaient accompagnés dans la grande cour avec un peu de pain et avec une boisson faite de vin, d'eau-de-vie et beaucoup d'eau, et ensuite nous nous mêlâmes tous à la foule.

Le même jour, CAYOL, de Marseille, fut admis dans la Famille comme néophyte.

Quelques jours après, l'architecte Voilquin conçut le projet d'élever un simple monument, qui nous rappelât TALABOT au lieu où nous avions réuni les déblais du temple. Il en fit le dessin et le remit au PÈRE qui l'approuva ; aussitôt divers travailleurs de Paris, presque tous prolétaires, vinrent offrir de contribuer de leur travail à l'érection de ce monument: Voilquin n'en demandait que vingt; de sorte que, dès le premier jour, il eut réuni toute sa petite légion industrielle.

Voici les noms des travailleurs qui vinrent se présenter à Voilquin.

VICTOR DIEU, *maçon*, s'offrant pour tous services où il serait nécessaire

AUGUSTE DIEU,	*id.*	*id.*
NOGUET,	*menuisier*,	les dimanches.
POUJOL.	*id.*	*id.*
GRIFFON,	*id.*	*id.*
CASIMIR,	*id.*	*id.*
LEPLATEL,	*id.*	*id.*
DESTRAT,	*id.*	*id.*
ROBERT,	*id.*	*id.*
MICHEL NOEL,	*id.*	*id.*
POUJET.	*tourneur*.	pour plusieurs jours à volonté.
DUMOLARD,	*serrurier*,	les dimanches.
SAUGET,	*peintre en bâtimens*.	*id.*
MARTIN,	*peinture et lettres*,	plusieurs jours à volonté.
REBOUL.		
L'HOMMEAUX,		Travaux divers.
SURBLED,		
MORVILLE,		
MAILLARD,	*tapissier*.	
M.ᵉ JACOB,	*pour la tenture*.	

ÉVERAT, imprimeur, rue du Cadran, n° 16.

www.ingramcontent.com/pod-product-compliance
Lightning Source LLC
Chambersburg PA
CBHW061819060726
47597CB00008B/3274